BEI GRIN MACHT SICH IHR WISSEN BEZAHLT

- Wir veröffentlichen Ihre Hausarbeit, Bachelor- und Masterarbeit

- Ihr eigenes eBook und Buch - weltweit in allen wichtigen Shops

- Verdienen Sie an jedem Verkauf

Jetzt bei www.GRIN.com hochladen und kostenlos publizieren

Bibliografische Information der Deutschen Nationalbibliothek:

Die Deutsche Bibliothek verzeichnet diese Publikation in der Deutschen Nationalbibliografie; detaillierte bibliografische Daten sind im Internet über http://dnb.d-nb.de/ abrufbar.

Dieses Werk sowie alle darin enthaltenen einzelnen Beiträge und Abbildungen sind urheberrechtlich geschützt. Jede Verwertung, die nicht ausdrücklich vom Urheberrechtsschutz zugelassen ist, bedarf der vorherigen Zustimmung des Verlages. Das gilt insbesondere für Vervielfältigungen, Bearbeitungen, Übersetzungen, Mikroverfilmungen, Auswertungen durch Datenbanken und für die Einspeicherung und Verarbeitung in elektronische Systeme. Alle Rechte, auch die des auszugsweisen Nachdrucks, der fotomechanischen Wiedergabe (einschließlich Mikrokopie) sowie der Auswertung durch Datenbanken oder ähnliche Einrichtungen, vorbehalten.

Impressum:

Copyright © 2018 GRIN Verlag
Druck und Bindung: Books on Demand GmbH, Norderstedt Germany
ISBN: 9783668829749

Dieses Buch bei GRIN:

https://www.grin.com/document/448543

Franziska Jentsch

Das Cappuccino-Modell. Ein Vergleich der Rentensysteme in den Niederlanden und in Deutschland

GRIN Verlag

GRIN - Your knowledge has value

Der GRIN Verlag publiziert seit 1998 wissenschaftliche Arbeiten von Studenten, Hochschullehrern und anderen Akademikern als eBook und gedrucktes Buch. Die Verlagswebsite www.grin.com ist die ideale Plattform zur Veröffentlichung von Hausarbeiten, Abschlussarbeiten, wissenschaftlichen Aufsätzen, Dissertationen und Fachbüchern.

Besuchen Sie uns im Internet:

http://www.grin.com/

http://www.facebook.com/grincom

http://www.twitter.com/grin_com

Inhaltsverzeichnis

1. Abkürzungsverzeichnis 2
2. Einleitung 3
3. Einordnung des niederländischen Wohlfahrtsstaatregimes 4
   3.1. Die Definition des Wohlfahrtstaates 4
   3.2. Einteilung von Wohlfahrtsstaaten 5
      3.2.1. Bismarck versus Beveridge 5
      3.2.2. Einordung der Wohlfahrtstaaten nach Esping Anderson 6
   3.3. Der niederländische Wohlfahrtsstaat – Eine einmalige Mischung 8
4. Das Rentensystem in den Niederlanden 9
   4.1. Der niederländische Sozialstaat – ein historischer Abriss 9
   4.2. Das Cappuccino-Modell als 3-Säulen-System 12
      4.2.1. Die erste Säule 12
      4.2.2. Die zweite Säule 14
5. Das deutsche- und niederländische Rentensystem im Vergleich 14
   5.1. Gemeinsamkeiten und Unterschiede 14
   5.2. Möglichkeiten der Übertragung 17
6. Schlussfolgerung 18
7. Literaturverzeichnis 21

1. Abkürzungsverzeichnis

Abkürzung	Niederländische Bezeichnung	Übersetzung
ANW	Algemene Nabestandenwet	Allgemeines Hinterbliebenengesetz
AKW	Algemene Kinderbijslagwet	Allgemeines Kindergeldgesetz
AOW	Algemene Ouderdomswet	Allgemeines Rentengesetz
SVB	Sociale Verzekeringsbank	Soziale Versicherungsbank
VUT	Vervroegde Uittreding	Verfrühtes Austreten (Vorruhstandsregelung)
WAO	Wet op de arbeidsongeschiktheidsverzekering	Gesetz über die Berufsunfähigkeitsversicherung
WW	Werkloosheidsuitkering	Unterstützung für Arbeitslose

2. Einleitung

Einmal im Jahr bekomme ich von circa 4 bis 5 niederländischen Pensionsfonds Post. Ich habe von 2001 bis 2008 in Amsterdam gelebt und mittels verschiedener Nebenjobs meinen Lebensunterhalt als Studentin finanziert. Beispielsweise habe ich mal für 2 Tage auf einer Messe gestanden und interessierten Schüler*innen erklärt, warum man Kulturanthropologie studieren sollte. Der zuständige Pensionsfonds (Stichting Pensioenfonds ABP – für Mitarbeiter von Behörden und im Bildungswesen) hat mir vor Kurzem, so wie jedes Jahr, mitgeteilt, dass ich ab dem Renteneintrittsalter von 67 eine Pension von einem Euro brutto pro Jahr erhalten werde. Je nach Länge und Intensität der Nebenjobs, die ich zu meiner Studentenzeit in Amsterdam innehatte, informieren mich die betreffenden Pensionsfonds jährlich darüber, welche Beträge ich ab 67 erhalten werde.

Lange Zeit wusste ich nicht so richtig, was ich mit diesen Briefen anfangen sollte. Ein Niederländer hat mir mal geraten, dass ich die jeweiligen Pensionsfonds fragen könnte, ob sie mir den aktuellen Gegenwert meiner Pensionsansprüche ausbezahlen könnten. Ich habe mich bisher dagegen entschieden.

Das niederländische dreisäulige Renten- bzw. Pensionssystem wird oft als Cappuccino-Modell bezeichnet. Hiermit ist gemeint, dass den Kaffee in Form einer Grundrente jeder erhält, dass man für den Milchschaum in Form von betrieblichen Pensionen arbeiten muss und, dass sich jeder selbst um den Kakao in Form von privater Vorsorge kümmern muss (Schmid, 2010, S. 211). Seitdem ich dies weiß, hefte ich die Briefe von den verschiedenen Pensionsfonds im „Milchschaumordner" ab.

Seit fast 10 Jahren bin ich wieder in Deutschland, ich hatte in dieser Zeit auch Nebenjobs als Studentin, aber ich habe mit diesen Nebentätigkeiten keine Pensions- oder Rentenansprüche aufgebaut. Nachdem ich 5 Jahre einer sozialversicherungspflichtigen Tätigkeit nachgegangen bin, erhielt ich zum ersten Mal Post von der Rentenversicherung.

Ein Vergleich des niederländischen - mit dem deutschen Rentensystem ist somit für mich sowohl aus persönlichen, als auch aus sozialwissenschaftlichen Gründen äußerst interessant. Des Weiteren stimme ich der Ansicht zu, dass der internationale Vergleich „zu einem besseren Verständnis der Sozialpolitik des eigenen Landes beiträgt" und „die Vorstellungen darüber erweitert, was im Hinblick auf bestimmte Fragen oder Probleme unternommen werden kann" (Schmid, 2010, S. 35). Meine Einblicke in Gemeinsamkeiten und Unterschiede, wurden in jedem Fall erweitert, nachdem ich die Logik hinter dem niederländischen - und dem deutschen Sozialstaat oder mit anderen Worten das jeweilige Wohlfahrtsstaatregime verstanden habe.

Ziel dieser Hausarbeit ist es das niederländische Rentensystem umfassend zu beschreiben und mit dem deutschen Rentensystem zu vergleichen. Schlussendlich möchte ich nicht nur Gemeinsamkeiten und Unterschiede zwischen den beiden Rentensystemen aufzeigen, sondern auch erörtern, ob man das niederländische Rentensystem auf das deutsche System übertragen kann.

Im weiteren Verlauf dieser Arbeit werde ich im 3. Kapitel *Einordnung des niederländischen Wohlfahtsstaatregimes* zunächst den Wohlfahrtsstaat an sich definieren, dann auf zwei wichtige Typisierungen von Wohlfahrtsstaaten zu sprechen kommen und schließlich den niederländischen Wohlfahrtsstaat charakterisieren bzw. einordnen. Das 4. Kapitel *Das Rentensystem in den Niederlanden* beginnt zunächst mit einem historischen Abriss des niederländischen Sozialstaates, danach folgt eine ausführliche Beschreibung des niederländischen Rentensystems. Im 5. Kapitel *Das deutsche – und das niederländische Rentensystem im Vergleich* werde ich Gemeinsamkeiten und Unterschiede zwischen dem niederländischen und dem deutschen Rentensystem beleuchten und erörtern ob man das niederländische Rentensystem auf Deutschland übertragen kann.

3. Einordnung des niederländischen Wohlfahrtsstaatregimes

3.1. Die Definition des Wohlfahrtstaates

In seinem Buch *Wohlfahrtsstaaten im Vergleich. Soziale Sicherung in Europa: Organisation, Finanzierung, Leistungen und Probleme* legt Joseph Schmid auch dar, das man nur dann etwas vergleichen kann, wenn man sich über den Begriff einig ist (Schmid, 2010, S. 42). „Den zu finden ist im Falle des Wohlfahrtsstaates schon sprachlich nicht einfach, da sich hier historische, politische und kulturelle Entwicklungsunterschiede widerspiegeln" (Schmid, 2010, S. 42). Schmid konstatiert, dass es „den" Wohlfahrtsstaat empirisch nicht gibt (Schmid, 2010, S. 42). Es ist nicht nur so, dass bei dem Begriff „Wohlfahrtsstaat" im mehrsprachigen Kontext Übersetzungsschwierigkeiten bestehen, es bestanden auch seit „Beginn der wohlfahrtsstaatlichen Aktivitäten im 19. Jahrhundert erhebliche Definitionsunterschiede: In Deutschland wurde die Arbeiterfrage, in Frankreich die Familienfrage und in Großbritannien die Armenfrage in den Mittelpunkt des sozialpolitischen Diskurses gerückt – was sich bis heute noch auswirkt" (Schmid, 2010, S. 42). Schließlich muss man beim internationalen Vergleich von Wohlfahrtsstaaten auch im Blick behalten, dass man zwar Daten von sozialstaatlichen Ausgaben erfassen und vergleichen kann, dass aber Aktivitäten und Hilfestellungen, wie sie beispielsweise in Familien, Selbsthilfegruppen, gemeinnützigen Vereinen und Verbänden geschehen, sehr schwer zusammengetragen werden können (Schmid, 2010, S. 40).

> Im Wohlfahrtsstaat – so abschließend ein Definitionsvorschlag – *besteht eine staatliche, über private Vorsorge und gemeinschaftliche Fürsorge hinausgehende Verpflichtung zur sozialen Sicherung und Förderung aller Bürger*. Um dies zu gewährleisten, *muss der Wohlfahrtsstaat umfangreiche Ressourcen an sich ziehen*, die er wiederum in Form von monetären

Transfers, sozialen Diensten und Infrastruktur zur Verfügung stellt. Auf diese Weise kommt es zu einer gesellschaftlichen Entwicklung, die als „sozialer Fortschritt" bezeichnet wird und in deren Rahmen in den vergangenen 110 Jahren die Werte Sicherheit, Wohlfahrt, Freiheit und Gerechtigkeit in hohem Maße realisiert werden konnten. Dies ist auch ein Element des „Europäischen Modells" und ein Spezifikum im Vergleich zu anderen Regionen der Welt. (Schmid, 2010, S. 45, meine Hervorhebung FJ)

3.2. Einteilung von Wohlfahrtsstaaten

Es gibt meine Ansicht nach zwei wichtige Modelle, welche die verschiedenen Wohlfahrtsstaaten in Kategorien einteilen. Einerseits unterscheidet man bei Wohlfahrtsstaaten zwischen Bismarck-Systemen und Beveridge-Systemen. Andererseits hat sich die Typisierung von Wohlfahrtsstaaten als liberal, sozialdemokratisch und konservativ, welche von dem dänischen Politikwissenschaftler Esping-Anderson entwickelt wurde, durchgesetzt.

3.2.1. Bismarck versus Beveridge

Das Bismarck-System geht auf Otto von Bismarck zurück. Bismarck hat im 19. Jahrhundert in Deutschland zunächst eine gesetzliche Krankenkasse (1883) eingeführt und hiermit den Weg für ein umfassendes Sozialversicherungssystem geebnet. Bismarck wollte einerseits soziale Unruhen und das Erstarken des Sozialismus verhindern, andererseits lag ihm viel daran den bereits bestehenden, freiwilligen Sozialversicherungen der Gewerkschaften und der kirchlichen Arbeiterverbände die wirtschaftliche Grundlage zu entziehen (Rohwer, 2008, S. 26).

Das Beveridge-System wiederum lässt sich auf William Henry Beveridge zurückführen. Beveridge hatte dem britischen Unterhaus 1942 einen umfangreichen Report zur Sozialpolitik vorgelegt, worin er ein umfassendes Systems zur sozialen Sicherheit der Bürger vorschlug ((Rohwer, 2008, S. 26). Dreh- und Angelpunkt des Beveridge-Planes war die Einführung einer einheitlichen Volksversicherung mit einem Gesundheitsdienst für alle Bürger (National Insurance). Der Beveridge-Plan sah vor die gesamte Bevölkerung, unabhängig von der Frage der Erwerbstätigkeit, gegen bestimmten Risiken abzusichern (Schmid, 2010, S. 204).

	Bismarck-System	Beveridge-System
Versicherte	Arbeitnehmer bzw. Erwerbstätige	gesamte Bevölkerung
Finanzierung	Beiträge gestaffelt nach Einkommen	Staatsbudget/ allgem. Steuereinnahmen
Leistungen	Bemessungen Geldleistungen anhand eingezahlter Beiträge	Einheitliche Pauschalleistungen

Tabelle 1: Eigene Darstellung (Rowwer, 2008, S. 26)

Es ist ersichtlich, dass das Bismarck-System darauf abzielt den jeweiligen Lebensstandard zu sichern, während es beim Beveridge-System darum geht die Sicherung des Existenzminimums aller Bürger zu gewährleisten (Rohwer, 2008, S. 26).

Zu den Bismarck-Ländern zählen neben Deutschland auch Belgien, Frankreich, Italien, Österreich und Spanien. In der Gruppe der Beveridge-Länder befinden sich die nordischen Länder: Dänemark, Norwegen, Schweden und Finnland, außerdem die Schweiz, Großbritannien und die Niederlande (Meyer, 2013, S. 4). „Bei einem Vergleich der beiden Systeme innerhalb Europas ist auffällig, dass in keinem Land eines der beiden Systeme in reiner Form anzutreffen ist, wobei die Abweichungen bei den einzelnen Leistungszweigen mehr oder weniger stark zum Ausdruck kommen können" (Rohwer, 2008, S. 26).

3.2.2. Einordung der Wohlfahrtstaaten nach Esping-Anderson

Gøsta Esping-Andersen geht davon aus, dass sich die Typisierung von Wohlfahrtsstaaten danach richtet, ob der Staat, die Familie oder der (freie) Markt als Hauptquelle für wohlfahrtsstaatliche Leistungen gelten. Man spricht in diesem Zusammenhang auch davon, dass wohlfahrtsstaatliche Leistungen im Dreieck von Staat, Familie und Markt betrachtet werden.

Schaubild 3-4: Typen und Dimensionen des Wohlfahrtsstaates[52]

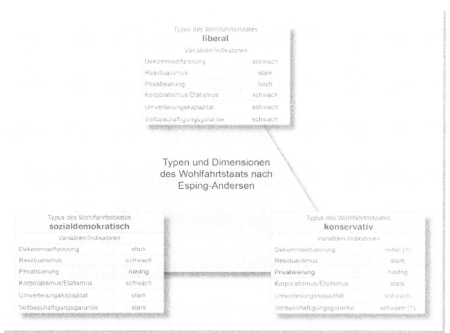

Quelle: Eigene Darstellung

Abbildung 1: Schmid 2010 (Schmid, 2010, S. 100)

Beim liberalen Wohlfahrtsstaat (z.B. USA, Kanada, Australien, Großbritannien) wird vor allem die Rolle des freien Marktes und der Familie betont. Soziale Sicherung gibt es nur auf einem niedrigen Niveau, nach eingehender individueller Bedürftigkeitsprüfung, meist ist ihr Bezug mit Stigmatisierung behaftet (Schmid, 2010, S. 101). Wie im Schema ersichtlich fällt der Dekommodifizierungs-Effekt insgesamt nur gering aus. Dekommodifizierung ist laut Esping-Andersen die relative Unabhängigkeit von den Zwängen und Risiken kapitalistischer (Arbeits-)Märkte (Schmid, 2010, S. 100) Der Staat mischt sich im liberalen Wohlfahrtsstaat so gut wie nicht ein, die Individuen sind selbst für sich verantwortlich. Die Absicherung sozialer Risiken auf niedrigen Niveau bezeichnet man als residualistisch. Der Kooperatismus, also die Beteiligung von verschiedenen gesellschaftlichen Gruppen an politischen Entscheidungen, ist ebenfalls sehr schwach. Wie im Schema ersichtlich wird, ist der Grad der Umverteilung sehr gering und gibt es keine Vollbeschäftigungsgarantie.

Der konservative Typ des Wohlfahrtsstaates (Österreich, Frankreich, Italien, Deutschland) interveniert stärker als der liberale Wohlfahrtsstaat, dies geschieht aber vor allem aus paternalistischen Gründen (Schmid, 2010, S. 101). Beim konservativen Wohlfahrtsstaat ist der Einfluss der Kirche recht groß. Die Struktur der Sozialversicherungen im konservativen Wohlfahrtsstaat fördert das traditionelle Familienmodell. „Er ist ferner stark lohnarbeits- und sozialversicherungszentriert, d.h. soziale Rechte sind an Klasse und Status gebunden" (Schmid, 2010, S. 101). Es gilt das Äquivalenzprinzip, das heißt die Leistungen werden anhand der eingezahlten Beiträge bemessen. Entsprechend ist der Dekommidifizierung-Effekte nur im mittlerem Maße gemildert. Statusunterschiede, so wie sie zwischen einem Arzt und einer Krankenschwester bestehen, sind ein integraler Teil des konservativen Wohlfahrtsstaates, das heißt die soziale Absicherung von Individuen orientiert sich an deren Zugehörigkeit zu einer bestimmten sozialen Schicht. Der Korporatismus/Etatismus, die Beteiligung von verschiedenen gesellschaftlichen Gruppen an politischen Entscheidungen, ist im konservativen Wohlfahrtsstaat, der auch konservativ-korporatistischer Wohlfahrtsstaat genannt wird, sehr hoch.

„Die *sozialdemokratischen Regimes* (Schweden, Norwegen, Dänemark) sind universalistisch, es wird Gleichheit auf dem höchsten Niveau angestrebt und die Anspruchsgrundlage bilden soziale Bürgerrechte" (Schmid, 2010, S. 101). Die Dekommodifizierungs-Effekte, die Vollbeschäftigungsgarantie und der Umverteilungsgrad sind hier am stärksten. Im internationalen Vergleich haben die öffentlichen sozialen Dienstleistungen der sozialdemokratischen Wohlfahrtsstaaten eine überragende Bedeutung (Schmidt, Ostheim, Siegel & Zohlnhöfer, 2007, S. 259). Demzufolge ist der Privatisierungsgrad sehr niedrig. Außerdem sind Korporatismus und Residualismus nur schwach ausgeprägt.

An dieser Stelle sei noch kurz erwähnt, dass die von Esping-Anderson entwickelte Typisierung in den nachfolgenden Jahren um zwei weitere Einordnungen, nämliche den südeuropäischen und den osteuropäischen Wohlfahrtsstaat erweitert wurden. Die beiden Modelle werden auch als „rudimentäre Wohlfahrtsstaaten" bezeichnet (Schmid, 2010, S. 107).

3.3. Der niederländische Wohlfahrtsstaat – Eine einmalige Mischung

Wie ich schon am Ende des Unterkapitel *3.2.1. Bismarck versus Beveridge* angedeutet habe, gibt es eigentlich kein europäisches Land, wo man das Bismarck-System oder Beveridge-System in Reinform antrifft. Jedoch gilt für die Niederlande: ein Nebeneinander von Volksversicherungen, die sich sowohl am Vorbild des National Insurance, als auch an den klassischen Bismarckschen Arbeitnehmerversicherungen orientieren. „Die Synthese zwischen diesen beiden sozialpolitischen Konzeptionen hat zu einer besonderen Mischform geführt, die in Westeuropa einmalig ist – und die sich gleichzeitig nicht immer in die theoretischen Erklärungsmuster des Wohlfahrtsstaates (vgl. Kap. 3) einfügt" (Schmid, 2010, S. 206). Im Vergleich zu Deutschland zählt die Niederlande eher zu den Beveridgesystemen, würde man die Niederlande mit den skandinavischen Ländern vergleichen, würde man sie wohl eher als bismarcktypisch bezeichnen.

Ähnliches gilt für die Typisierung nach Esping-Anderson, denn der niederländische Wohlfahrtsstaat weist sowohl konservativ-korporatistische Elemente auf, kann aber aufgrund der Einführung der Volksversicherungen als sozialdemokratisch bezeichnet werden. Einerseits werden die Niederlande mit größeren Abstrichen zu den Kernländern der konservativ-korporatistischen Wohlfahrtsstaatswelt gezählt, der niederländische Wohlfahrtsstaat gilt jedoch als originärer Mischtyp beziehungsweise „Grenzgänger", der zwischen den Wohlfahrtsstaatswelten hervorsticht. (Schmidt et al., 2007, S. 261). Andererseits werden die Niederlande, wegen der Einführung von Volksversicherungen, oft in einem Atemzug mit den skandinavischen Ländern aufgezählt und somit als zugehörig zu der Gruppe der Länder mit sozialdemokratischen Wohlfahrtsstaat betrachtet. Seit der Jahrtausendwende kann man aufgrund von Einsparungen, Kürzungen und Teilprivatisierungen zu Lasten der Bürger auch beim niederländischen Wohlfahrtsstaat von liberalen Tendenzen sprechen.

Ich werde im nächsten Kapitel den historischen Hintergrund des niederländischen Sozialstaates darlegen. Hierdurch wird auch deutlich werden, warum sich der niederländische Wohlfahrtsstaat als eine solch einmalige Mischung entwickelt hat.

4. Das Rentensystem in den Niederlanden
4.1. Der niederländische Sozialstaat – ein historischer Abriss

Wenn man verstehen will, wie sich der Wohlfahrtsstaat in den Niederlanden entwickelte, muss man sich meiner Meinung nach zunächst einmal bewusstmachen, dass die Niederlande von jeher stark durch auswärtige Einflüsse geprägt wurden. Als traditionelle Handelsnation mit geringer militärischer Stärke war man in den Niederlanden immer darauf angewiesen transnationale Kooperationen mit anderen Nationen einzugehen (Seils, 2006, S. 246). Bis heute sind die Niederlande im internationalen Vergleich eine sehr außenhandelsabhängige Nation, deren Wohlstand in hohem Maße vom europäischen Markt und vom Weltmarkt abhängig ist (Seils, 2006, S. 244).

Dieser Außenbezug schlägt sich zudem schon sehr früh in der politischen Kultur der Niederlande nieder. So waren die Niederlande von jeher religiös gespalten. Ab dem 16. Jahrhundert gewannen deutsche Protestanten im Norden der Niederlande an Einfluss, im Süden dominierten die Katholiken. „Zu der konfessionellen Konfliktlinie zwischen der Minderheit der Katholiken und den zahlreichen protestantischen Gruppen kam Ende des 19. Jahrhunderts der Konflikt zwischen Arbeit und Kapital, welcher die säkularisierte Bevölkerung spaltete" (Seils, 2006, S. 247).

Die niederländische Gesellschaft war somit ab ca. 1900 in vier Gruppen („Säulen"): Protestanten, Katholiken, Liberale und Sozialisten/Sozialdemokraten unterteilt. Eine jede dieser „Säule" war eine in sich geschlossene Subkultur, der Kontakt zu anderen gesellschaftlichen Gruppen war sehr beschränkt. Jede „Säule" hatte eigene gesellschaftliche Organisationen wie Schulen, Wohlfahrtseinrichtungen, Gewerkschaften und Universitäten, eigene Medien, die Mitglieder einer Säule lebten typischerweise in bestimmten Wohnbezirken und hatten oft ihre eigenen Bäcker, eigene Sportplätze und Vereine. Die Mitglieder einer Säule waren zumeist sehr passiv und überließen den Eliten die Verhandlungen mit den anderen Säulen (Seils, 2006, S. 248). Aufgrund der „Versäulung" mit den dazugehörigen Spannungen zwischen den verschiedenen Bevölkerungsgruppen entstand in den Niederlanden eine sehr stabile Konkordanzdemokratie. Konkordanzdemokratie bedeutet, dass immer ein Kompromiss angestrebt wird, weil Mehrheitsentscheidungen in einer Gesellschaft mit dauerhaften Minderheiten nicht akzeptiert werden.

Es überrascht nach diesen Ausführungen wahrscheinlich nicht, dass auch der Sozialstaat von äußeren Einflüssen geprägt wurde. Bis zum Ende des Zweiten Weltkrieges gab es in den Niederlanden Arbeiterversicherungen, die vom Bismarckmodell geprägt waren. 1901 wurde eine Berufsunfallversicherung eingeführt, es folgten 1919 ein Invaliditätsversicherungsgesetz, 1930 das Krankenversicherungsgesetz und 1939 das Kinderzulagegesetz (Schmid, 2010, S. 203).

Sozialpolitiker, die während des Zweiten Weltkrieges im Exil in Großbritannien waren, brachten jedoch die Ideen des Beveridge-Planes mit. „In den folgenden Jahrzehnten wurde in den Niederlanden eine ganze Reihe von Volksversicherungen eingeführt, welche der gesamten Wohnbevölkerung eine Grundsicherung gegen die wichtigsten sozialen Risiken bieten" (Seils, 2006, S. 252). Die wichtigste Volksversicherung ist 1957 eingeführte „Allgemeine Altersversicherung" (AOW), drei Jahre danach wurde das „Allgemeine Witwen- und Waisengesetz" (ANW) etabliert. 1963 schließlich kam das „Kindergeld" AKW in Form einer Volksversicherung, welche zunächst durch die Arbeitgeber ab 1989 durch den Reichshaushalt finanziert wurde. 1968 folgte die AWBZ – „Allgemeine Sicherung gegen besondere Krankheitskosten" (niederländische Pflegeversicherung). Den Abschluss markierte die Einführung der „Allgemeinen Erwerbsunfähigkeitsrente2 (AAW) 1976. Die AAW (inzwischen WAO) bot der gesamten Wohnbevölkerung der Niederlande Schutz gegen den Einkommensverlust bei Erwerbsunfähigkeit, egal ob diese durch einen Arbeitsunfall verursacht worden war oder nicht. Die Volksversicherungen wurden zum größten Teil über Beiträge finanziert, seit den Achtzigern musste der Reichshaushalt Geldern dazugeben.

Man kann meiner Ansicht nach das Entstehen eines so generösen Sozialstaates in den Niederlanden Ende der Fünfziger/ Anfang der Sechziger nur dann nachvollziehen, wenn man dies vor dem Hintergrund der „Entsäulung" betrachtet. Aufgrund von wirtschaftlichem

Aufschwung und Lohnerhöhungen in den sechziger Jahren nahmen immer mehr Menschen am gesellschaftlichen Leben teil, die Institutionen der verschiedenen Säulen verloren an Bindungskraft, die niederländische Gesellschaft wurde sowohl individualistischer, als auch homogener. Des Weiteren führte der Einzug des Fernsehers in die Wohnzimmer dazu, dass sich Grenzen zwischen „Säulen" auflösten. Die Parteien, die vorher damit rechnen konnten von Mitgliedern ihrer Säule gewählt zu werden, mussten neue Wählerschichten gewinnen. „Diese „Polarisierungsstrategie" verschärfte den Parteienwettbewerb und erhöhte die Erwartungshaltung der Bürger an den Staat und die Entwicklung des Lebensstandards" (Seils, 2006, S. 254).

In den 70er und 80er Jahre war die niederländische Wirtschaft von Krisen geprägt. „Die schlechte Performanz des Landes ist auch als „Dutch Disease" bezeichnet worden" (Schmid, 2010, S. 205). In den 70er Jahren arbeitete jeder siebte Niederländer nicht, weil er als arbeitsunfähig galt, die Kassen der WAO standen unter enormen Druck. Hinzu kam die Ölkrise. In den 80er Jahren stieg die Arbeitslosigkeit auf die Rekordzahl von 800.000 Arbeitslosen im Jahr 1984 und die Gewerkschaften büßten 17 Prozent ihrer Mitglieder ein (Visser & Hemerijck, 1998, S. 25). In den 90er Jahren wiederum konnte die Arbeitslosenquote von ca. acht auf rund drei Prozent gesenkt werden, die Erwerbsquote stieg von 57 auf 64 Prozent (Schmid, 2010, S. 205). „Die „Dutch Disease" konnte, kurz gesagt, bis in die 1990er Jahre kuriert werden und die Debatte begann stattdessen, um ein so nicht erwartetes „Dutch Miracle" zu kreisen" (Visser/Hemerijck 1997, Klenfeld 2001). Auch wenn das „holländische Wunder" erst Mitte der Neunziger internationale Aufmerksamkeit erregte, waren es vor allem die politischen Maßnahmen, welche während der Rezession von 1981 bis 1983 getroffen wurden, die dafür gesorgt hatten, dass sich die niederländische Wirtschaft so gut erholt hatte (Visser & Hemerijck, 1998, S. 25). Ausschlaggebend war hierbei vor allem das Wassenaar Abkommen von 1982, bei dem das „Poldermodell" beschlossen wurde, das beinhaltete, dass Arbeitgeber, Gewerkschaften und unabhängige, von der Regierung ernannte Mitglieder im Wirtschaftsrat (Sociaal Economische Raad) ausgehandelt haben, sich bei Lohnerhöhungen zurückzuhalten und dafür mehr Teilzeitarbeit zu ermöglichen (vlg. Visser/Hemerijck 1998).

Kurz nach der Jahrtausendwende erlebten die Niederlande (ähnlich wie in Deutschland) eine schwere Rezession, die Arbeitslosenzahlen stiegen wieder heftig an! In den darauffolgenden Nullerjahren wurden Einsparungen bei den Sozialversicherungen zu Lasten der Bürger vorgenommen. Beispielsweise wurde die Krankenversicherung reformiert.

Am 17. September 2013 sprach Willem-Alexander in seiner Tron-Rede davon, dass man sich langsam vom Sozialstaat verabschieden müssen. Für bestimmte Probleme, wie beispielsweise die Altersversorgung müssen laut Willem-Alexander zivilgesellschaftliche Lösungen gefunden werden. Der klassische Sozialstaat verwandelt sich zunehmen in eine Teilnahme-Gesellschaft („participatie-samenleving"), wo die Bürgern für sich selbst sorgen müssten (*Niederländischer König verkündet das Ende des Wohlfahrts-Staats*). Der Begriff „participatiesamenleving" (Teilnahmegesellschaft) ist seit dieser Rede ein stehender Begriff in den Niederlanden und wurde auch zum Wort des Jahres 2013 erklärt. Liberalisierung und Privatisierung setzen sich also fort. Ab ca. 2015 wurden weitere Kürzungen beim Gesundheitssystem, bei den Renten und beim Arbeitslosengeld vorgenommen.

4.2. Das Cappuccino-Modell als 3-Säulen-System

Wie ich schon in der Einleitung angedeutet habe, bezeichnen die Niederländer ihr Rentensystem auch als Cappuccino-Modell: „ Den Kaffee in Form der Grundrente gibt's für jeden, das Sahnehäubchen liefert die betriebliche Altersvorsorge und die private Vorsorge gleicht den Schokostreuseln" (Gebbink, 2010). Im weiteren Verlauf dieses Kapitel werde ich zunächst die historische Entwicklung der Volksversicherung der AOW nachzeichnen. Danach möchte ich die die zweite Säule der betrieblichen Altersvorsorge besprechen und wichtige Reformen in der Vergangenheit herleiten. Ich werde nicht weiter auf die dritte Säule der privaten Altersvorsorge eingehen, da deren Relevanz viel geringer ist als jene der ersten beiden Säulen. Die dritte Säule gilt vor allem als eine ergänzende Altersvorsorge für Bezieher höherer Einkommen, sie wird kaum durch nennenswerte steuerliche Zuschüsse gefördert (Stöger, 2011, S. 13).

4.2.1. Die erste Säule

Die erste Säule, die AOW ist eine wohnsitzabhängige Leistung, ähnlich der dänischen *Folkepension*, im Gegensatz zur dänischen *Folkepension* wird bei der AOW auf eine Bedürftigkeitsüberprüfung verzichtet (Stöger, 2011, S. 14). Die AOW wurde 1957 als eingeführt und ist eine Basissicherung für alle Bürger, nicht nur für die Arbeitnehmer. Die Höhe der AOW hängt von der Dauer des Wohnsitzes in den Niederlanden ab. Wer zwischen 15 und 65 Jahren durchgängig in den Niederlanden gewohnt hat, erhält 100 Prozent der AOW. Pro Jahr mit Wohnsitz in den Niederlanden können also 2 Prozent der AOW aufgebaut werden. Die SVB (Soziale Versicherungsbank) sorgt für die Auszahlung der AOW.

Anfangs orientierte sich die AOW am männlichen Alleinverdienermodell, später in den achtziger Jahren wurde es an den neuen Entwicklungen angepasst (van Oorschot, 2008, S. 471). Nicht mehr nur der männliche Hauptverdiener erhielt AOW, sondern beide (Ehe-)Partner erhielten jeweils 50 Prozent eines Einkommens mit Mindestlohn, Alleinstehende erhalten 70 Prozent eines Einkommens mit Mindestlohn. Der pauschale Regelsatz der vollen Rente beträgt im Jahr 2018 1.107,04 Euro für Alleinstehende und 762,24 Euro für Verheiratete. Hinzu kommt Urlaubsgeld von 71,42 pro Monat für Alleinstehende und 51,01 Euro pro

Monat für Verheiratete, das Urlaubsgeld wird im Mai ausbezahlt (vgl. https://www.svb.nl/int/nl/aow/hoogte_aow/bedragen/index.jsp).

Am Anfang ihrer Einführung 1957 lagen die Ausgaben für die AOW bei 2,4 Prozent des Bruttoinlandsproduktes BIP, 2014 lagen die Ausgaben für die AOW bei 5,6 Prozent des BIP, es wird erwartet, dass die Ausgaben wegen des demografischen Wandel noch weiter ansteigen werden (Sociale Verzekeringsbank, 2015, S. 1).

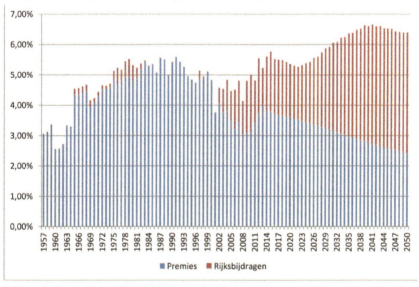

Abbildung 2: Verzekeringsbank 2015 (Sociale Verzekeringsbank, 2015)

Wie auf der Abbildung 2 ersichtlich ist, war es immer wieder nötig, dass Gelder aus dem niederändischen Reichshaushalt in die WAO flossen. In den sechziger Jahren musste das Reich Beiträge hinzuschießen, da man sich auf ein höheres Existenzminimum geeinigt hatte. Wiederum in den achtziger Jahren wurden Maßnahmen ergriffen, die dafür sorgten, dass die Kosten der AOW langsamer wuchsen. Beispielsweise wurde beschlossen, dass verheiratete Frauen nicht mehr automatisch die vollständigen Betrag der AOW bekamen, sobald der Ehemann 65 Jahre alt wurde. Seit der Jahrtausendwende muss der niederländische Staat jedes Jahr einen substantiellen Betrag zur AWO zuschießen, 2008 erhöhte sich dieser Betrag aufgrund der Krise, seit 2011 gehen die niederländischen Babyboomer in Pension und ist somit die Anzahl der Empfänger kräftig gestiegen (Sociale Verzekeringsbank, 2015, S. 3). 1957 lag der Beitrag für die AOW noch bei 6,7 Prozent des Einkommens (Stöger, 2011, S. 14). Der Beitragssatz für die gesetzliche Rentenversicherung (AOW) beträgt inzwischen 17,9 Prozent (vgl. https://www.salarisnet.nl/2017/09/premiepercentages-sociale-verzekeringen-2018-vastgesteld/).

Zentrale Zielsetzung der AOW ist die Prävention von Armut im Alter, die AOW ist als Basissicherung im Alter konzipiert und soll umverteilend zwischen Erwerbstätigen und Nichterwerbstätigen wirken, für die Lebensstandsicherung ist die zweite Säule der betrieblichen Altersversorgung zuständig (Stöger, 2011, S. 14).

4.2.2. Die zweite Säule

Die zweite Säule des niederländischen Rentensystems betrifft die betriebliche Altersversorgung. Nach 40 anrechenbaren Jahren kann man 70 Prozent des durchschnittlichen Verdienstes beim Rentenantritt absichern. Der Anspruch auf eine betriebliche Altersversorgung wächst jedes Jahr um 1,75 Prozent, sodass nach 40 Jahren 70 Prozent des verdienten Durchschnittslohns erreicht werden kann (Stöger, 2011, S. 15). Die Sozialpartner tragen somit eine hohe Verantwortung bei der Lebensstandsicherung von Arbeitnehmern, sie verfügen zudem über hohe Spielräume bei der Festlegung von Konditionen.

Im Rahmen des 1997 vereinbarten „Sozialen Paktes" wurde beschlossen Teilzeitkräften stärker in das System der zweiten Säule einzubeziehen. „Im Jahr 2005 waren rund 94 Prozent aller Arbeitnehmer einbezogen; die restlichen sechs Prozent sind in Unternehmen beschäftigt, die keiner sektoralen Vereinbarung unterliegen" (Stöger, 2011, S. 15). Eine Besonderheit der 2. Säule liegt darin, dass ein eigens etablierter und verwalteter Fonds von den Sozialpartnern beispielsweise für ältere Arbeitnehmer weiterhin Beiträge leistet.

Bis 2005 war es üblich, dass viele Arbeitnehmer*innen von Vorruhestandsregelungen (VUT) Gebrauch machten und schon mit 60 Jahren aufhörten zu arbeiten. Der niederländische Staat hat hierbei in den vergangenen Jahren regulierend eingegriffen, beispielsweise durch bestimmte Gesetze den Vorruhestand steuerlich unattraktiv gemacht. Inzwischen gibt es die VUT nicht mehr, ihre Hochzeit hatte die VUT zwischen 1975 und 2005.

5. Das deutsche- und niederländische Rentensystem im Vergleich
5.1. Gemeinsamkeiten und Unterschiede

Laut der statistischen Abteilung der Deutschen Rentenversicherung gab es zum Stichtag 1. Juli 2017 20,96 Millionen Rentner in Deutschland, die Durchschnittsrente (nach Abzug der Kranken- und Pflegeversicherung) lag bei 949 Euro pro Monat beziehungsweise 1076 Euro monatliche Durchschnittsrente bei den Männern und 853 Euro monatliche Durchschnittsrente bei den Frauen (Deutsche Rentenversicherung Bund, 2017). In den Niederlanden gab es 2016 1,93 Millionen Rentner, das durchschnittliche Einkommen lag bei 38.295 Euro pro Jahr, also bei 3.191,25 Euro pro Monat (Scholte & Lammers, 2017). Etwa die Hälfte (53,7 Prozent) kam von der AOW, 33,2 Prozent des durchschnittlichen Einkommens erhielten niederländische Rentner aus betrieblichen Altersversorgungen, des Weiteren hatte der durchschnittliche niederländische Rentner noch Einkünfte aus Zuverdiensten (5 Prozent), staatlichen Hilfen (4,4 Prozent), Vermögen (2,9 Prozent) und Mieteinnahmen (0,9 Prozent) (Scholte & Lammers, 2017). Bei den niederländischen Durchschnittswerten müssen noch Steuern und die Beträge für Kranken- und Pflegeversicherung abgezogen werden, bei den deutschen Durchschnittsrenten wiederum fehlen Einkünfte aus Betriebsrenten, Zuverdiensten, Vermögen, Vermietung usw. Trotz dieser Unschärfe bei den von mir präsentierten Werten, ist es meiner Meinung nach dennoch offensichtlich, dass niederländische Rentner im Durchschnitt über höhere Einkommen verfügen. Besonders deutlich wird dies, wenn man die Armutsgefährdungsquoten bei Menschen über 65 in Deutschland und in den Niederlanden vergleicht. Laut Eurostat waren 2015 in Deutschland 17,2 Prozent der Menschen ab 65 von Armut gefährdet, in den Niederlanden aber nur 6,1 Prozent (Eurostat, 2016). „Die Armutsgefährdungsquote älterer Menschen ist gegenwärtig die niedrigste in der gesamten EU" (Stöger, 2011, S. 27).

Tab. 3.2 Perspektivische Brutto-Ersatzraten der deutschen Rentenversicherung im Vergleich mit den Pflichtsystemen ausgewählter europäischer Länder.[a] (Quelle: Döring 2015 n. OECD 2015: Pensions at a Glance, Paris, Tab. 6.1 und 6.4)

	Niedriger Verdienst 0,5 Ø		Mittlerer Verdienst 1,0 Ø		Höherer Verdienst 1,5 Ø		
	Brutto-Ersatzraten (%)	Rang beim Rentenniveau	Brutto-Ersatzraten (%)	Rang beim Rentenniveau	Brutto-Ersatzraten (%)	Rang beim Rentenniveau	Regelalter
D	37,5	5	37,5	4	37,5	3	65 (67)[b]
GB	43,3	4	21,6	5	14,4	5	68
NL	94,0	1	90,5	1	89,3	1	67
F	56,8	2	55,4	2	48,2	2	63
CH	55,7	3	40,2	3	26,8	4	65 M/64 F
Durchschnitt OECD-34	64,5		52,9		47,8		
Rentenlücke („Pension Gap") der deutschen GRV	27,0		15,4		10,3		

Abbildung 3: (Rieken, Braunberger & Dräger, 2016. S. 47)

Leider betrifft die hohe Armutsgefährdungsquote in Deutschland nicht nur derzeitige Rentner, das Problem wird sich in Zukunft eher verschärfen, als abschwächen. So stellt Diether Döring bei einem Vergleich von Rentensystemen von europäischen Ländern fest, dass der Lebensstandard im Alter für gegenwärtige junge Beschäftigte in Deutschland deutlich schlechter abgesichert als z. B. in den Niederlanden, in Frankreich und in der Schweiz (Döring, 2016, S. 49). Wie in Abbildung 3 ersichtlich ist, belegt Deutschland bei höheren Einkommen noch einen Mittelplatz, es fällt aber auf, dass gerade Niedrigverdiener in Deutschland besonders ungünstig wegkommen (Döring, 2016, S. 49).

Es ist offensichtlich, dass große Unterschiede zwischen dem niederländischen und dem deutschen Rentensystem bestehen. Entscheidend ist meiner Meinung nach, dass es im deutschen System keine Grundrente bzw. ein Existenzminimum ohne Bedürftigkeitsprüfung gibt. Ferner erhalten in Deutschland Rentner erst Leistungen aus der Gesetzlichen Rentenversicherung, wenn sie eine Anwartschaftszeit von 5 Jahren erfüllt haben, während es in den Niederlanden keine Mindestversicherungszeiten gibt. In den Niederlanden müssen alle Einwohner, die arbeiten und Lohnsteuer verrichten Beiträge an die AOW abführen, während die Deutsche Rentenversicherung eine Pflichtversicherung für Arbeitnehmer und bestimmte Gruppen von Selbstständigen darstellt. Beamte, manche Selbstständige und Menschen mit 450 Euro-Jobs zahlen keine Beiträge in die Gesetzliche Rentenversicherung. Das niederländische Rentensystem ist somit nicht nur wegen der Existenz der Grundrente, sondern auch weil alle Niederländer in ein System einzahlen, solidarischer als das deutsche Rentensystem.

Sowohl in Deutschland, als auch in den Niederlanden wurde die Regelaltersgrenze für Rentner erhöht. In Deutschland gilt: „Die Regelaltersgrenze wird seit 2012, beginnend mit dem Jahrgang 1947, bis 2029 schrittweise auf 67 Jahre angehoben werden. Die Stufen der Anhebung betragen zunächst einen Monat pro Jahr (65 bis 66) und dann zwei Monate pro Jahr (66 bis 67). Für alle nach 1963 Geborenen gilt die Regelaltersgrenze 67 Jahre" (MISSOC, 2017). In den Niederlanden wird die Regelaltersgrenze schrittweise auf ein Alter von 66 Jahren im Jahr 2018 und 67 Jahren im Jahr 2021 angehoben (MISSOC, 2017). Letztendlich hat man in Deutschland die Anhebung der Altersgrenzen 2014 zum Teil wieder ausgehebelt. Da die Große Koalition die Möglichkeit der abschlagsfreien Rente nach 45 Jahren Pflichtbeiträgen aus Beschäftigung und der Rente mit Abschlägen, wenn 35 Jahre rentenrechtliche Zeiten vorliegen, ermöglicht hatte. In den Niederlanden gibt es bis heue keine Möglichkeiten der vorgezogenen Rente.

Wie ich schon im letzten Kapitel dargelegt habe, muss der niederländischen Reichshaushalt Gelder zur WAO hinzuzahlen. Dies ist schon seit geraumer Zeit auch in Deutschland der Fall. 2015 musste der Bund 62,4 und 2016 64,45 Milliarden Euro zur gesetzlichen Rentenversicherung dazugeben (Deutsche Rentenversicherung Bund, 2016). Es wird erwartet, dass der Zuschuss des Bundes zur Rentenversicherung 2020 erstmals die Marke von 100 Milliarden Euro übersteigen wird (dpa, 2018).

Ein großer struktureller Unterschied besteht ferner darin, dass die Deutsche Rentenversicherung auch Witwen und Waisen versorgt, Reha-Maßnahmen finanziert und Erwerbsunfähigkeitsrenten ausbezahlt, während dies in den Niederlanden für sich stehende Versicherungen erfüllen. Wie schon erwähnt, sorgt die ANW für Hinterbliebene und die WAO zahlt Lohnersatzleistungen an Menschen, die ganz oder teilweise berufsunfähig sind.

5.4. Möglichkeiten der Übertragung

Karl Hinrichs hat einmal im Hinblick auf die Reformierung von Rentensystemen in OECD-Ländern von „Elefanten in Bewegung" gesprochen (Hinrichs 2001 in Meyer, 2013, S. 4). Staatliche Rentensysteme sind von jeher riesige, komplexe Gebilde, die sich sehr schwerfällig bewegen. „In der Institutionen-Forschung gelten nationale Alterssicherungssysteme als reformresistent, da sie Bürgerinnen und Bürger langfristige Zusagen machen, auf die diese sich verlassen können müssen" (Pierson 1994 in Meyer, 2013, S. 4). Zudem besteht ein Vertrauensschutz, für jene, die viele Jahre eingezahlt haben Hinzu kommt, dass Politiker Veränderungen oder gar Kürzungen bei Rentensystemen scheuen, da sie befürchten müssen bei den nächsten Wahlen abgestraft zu werden.

Grundsätzlich bin ich davon überzeugt, dass es möglich ist das niederländische Rentensystem auf Deutschland zu übertragen. Allerdings sehe ich in naher Zukunft keine politischen Mehrheiten, die ein solches Unterfangen auf sich nehmen würden. Ein weiteres großes Hindernis in Bezug auf eine Übertragung oder Angleichung ist neben den fehlenden politische Willen auch die Altersstruktur der deutschen Bevölkerung. In Deutschland müssen schon seit 2007 drei Arbeitnehmer einen Rentner finanzieren, in den Niederlanden wird dies erst 2018 der Fall sein, während man in Deutschland damit rechnen muss, dass ab 2031 zwei Arbeitnehmer für einen Rentner aufkommen, wird dies in den Niederlanden nicht vor 2060 der Fall sein (Eurostat, 2011, S. 9). Jeder, der sich etwas ausführlicher mit dem deutschen Rentensystem im Zusammenhang mit dem demografischen Wandel beschäftigt hat, weiß, dass es weitere extreme Kostensteigerungen bei der Deutschen Rentenversicherung geben wird, weil die geburtenstarke Jahrgänge der Babyboomer (geboren zwischen 1954 und 1969) allmählich in Rente gehen. Die Niederlanden haben in Bezug auf die Babyboomer einen leichten Vorteil, da diese früher, nämlich zwischen 1945 und 1955 geboren wurden und weil die Geburtenrate in den Niederlanden immer höher war als in Deutschland.

Einerseits bin wegen der genannten Hindernisse sehr pessimistisch, dass es zu umfassenden Reformen und vor allem zu einer effektiven Armutsbekämpfung in Bezug auf zukünftige Rentner kommt. Andererseits, frage ich mich des Öfteren, ob nicht gerade eine so aussichtslose Situation, wie sie im derzeitigen Rentensystem vorherrscht, zu umfassenden Veränderungen führen könnte? Wenn man bedenkt, welche Veränderungen sich in Deutschland in Bezug auf das propagierte Familienbild (Einführung Elterngeld 2009 und Einführung Rechtsanspruch auf Kindergartenplatz 2013) binnen nur einer Generation vollzogen haben, besteht dann nicht auch die berechtigte Hoffnung, dass sich auch in Bezug auf drohende wachsende Altersarmut ein sozialdemokratischer Paradigmenwechsel vollziehen könnte?

Eine sehr gute Analyse in Bezug auf eine Angleichung von dem deutschen an das niederländische Rentensystem oder mit anderen Worten von einem bismarcktypischen an ein beveridgetypisches Rentensystem, stammt meiner Ansicht nach von Traute Meyer. Meyer hat in seiner 2013 erschienenen Politikanalyse: *Beveridge statt Bismarck? Europäische Lehren für die Alterssicherung von Frauen und Männern in Deutschland* sehr überzeugend dargelegt, dass vor allem die von der rot-grünen Regierung vorgenommenen Rentenreformen einen sehr negativen Effekt auf die eh schon verletzlichen Gruppen (Frauen und Männer mit niedriger Bildung und niedrigem Lebenseinkommen) hatte (Meyer, 2013, S. 24). Dadurch, dass das gesetzliche Rentenniveau so stark herabgesetzt wurde und als Kompensation freiwilligen Betriebsversicherungen und private Rentenversicherungen (Riester) eingeführt wurden, „ähnelt das Deutsche Rentensystem seit den Reformentscheidungen der Koalitionsregierung von SPD und Grünen 2001 dem gescheiterten Modell Großbritanniens" (Meyer, 2013, S. 24).

> Großbritannien kann hier ein lehrreiches Beispiel sein. Trotz jahrzehntelangen Bemühens hat keine britische Regierung die umfassendere Alterssicherung auf freiwilligem Niveau anregen können. Der Schluss liegt nahe, dass nicht-staatliche Akteure – Unternehmen und Versicherungen – es nicht freiwillig zu ihrer Aufgabe machen werden, Altersarmut zu vermeiden (Meyer, 2013, S. 25).

Wie ich schon anhand des Vergleichs von europäischen Rentensystemen von Diether Döring dargelegt habe, können sich neben den verletzlichen Gruppen in der Zukunft vor allem auch Menschen, die einen Durchschnittslohn oder darüber hinaus verdienen, nicht mehr auf die Statussicherung der Rente im Alter verlassen. Laut Meyer wurde neben der Einführung einer Grundrente in jedem Fall versäumt, Arbeitgeber zu verpflichten, Beschäftigte automatisch in Betriebsrenten zu integrieren, an denen sie sich auch finanziell beteiligen müssen (Meyer, 2013, S. 25). Schließlich stimme ich der Aussage von Traute Meyer zu, dass viele nicht für ihren Lebensabend sparen werden, wenn sie wissen, dass dieses Kapital im Alter gegen Sozialhilfe aufgerechnet wird (Meyer, 2013, S. 26).

6. Schlussfolgerung

Das Ziel der vorliegenden Hausarbeit war es, dass niederländische Rentensystem ausführlich zu beschreiben und mit dem deutschen Rentensystem zu vergleichen. Da ich einige Jahre in den Niederlanden gewohnt habe und dort auch Rentenansprüche erworben habe, war mir dieser Vergleich nicht nur aus sozialwissenschaftlichen, sondern auch aus persönlichen Gründen wichtig!

Beim internationalen Vergleich von Sozialstaaten oder besser Wohlfahrtsstaaten kommt es zunächst darauf an, dass man sich über die Definition des Wohlfahrtsstaates im Klaren ist. Um dies zu gewährleisten habe ich ausgehend von Joseph Schmids Überlegungen aus seinem 2010 erschienen Buch: *Wohlfahrtsstaaten im Vergleich. Soziale Sicherung in Europa: Organisation, Finanzierung, Leistungen und Probleme* als wichtige Merkmale des Wohlfahrtsstaates: „eine staatliche, über private Vorsorge und gemeinschaftliche Fürsorge hinausgehende Verpflichtung zur sozialen Sicherung und Förderung aller Bürger" und die Tatsache, dass der Wohlfahrtsstaat „umfangreiche Ressourcen an sich ziehen muss", hervorgehoben (Schmid, 2010, S. 45).

Der nächste entscheidende Schritt beim Vergleich von Wohlfahrtsstaaten ist es sich mit den verschiedenen Modelle, welche Wohlfahrtsstaaten in unterscheidbare Kategorien einteilen, auseinanderzusetzten. In meiner Hausarbeit habe ich die Unterscheidung von bismarcktypischen - versus beveridgetypischen Wohlfahrtsstaaten und die Typisierung von Esping-Anderson, der Wohlfahrtsstaaten als sozialdemokratisch, konservativ-kooperatistisch und/oder liberal kennzeichnet, näher erläutert. Der niederländische Wohlfahrtsstaat ist gemäß beider Modelle eine besondere Mischung, die in Westeuropa einmalig ist. Im Vergleich zu Deutschland ist die Niederlande eher beveridgetypisch und/oder eher sozialdemokratisch.

Nach der Einordung der Niederlande habe ich mich um einen historischen Überblick hinsichtlich des Entstehens des niederländischen Sozialstaates bemüht. Mir war es hierbei einerseits wichtig, darzustellen warum der niederländische Wohlfahrtsstaat eine so einmalige Mischung darstellt, andererseits wollte ich aber auch einleitende Hintergrundinformationen für das Entstehen des niederländischen Rentensystems liefern. Ich möchte hier nochmal betonen, dass die Niederlande erstens aufgrund ihrer Lage und Geschichte als Handelsnation immer stark von äußeren Einflüssen geprägt war. Dass sich zweitens aufgrund dieser Außeneinflüsse eine recht starre niederländische Gesellschaft, die strikt in verschiedene Gruppen/"Säulen" unterteilt war, herausbildete. Und dass man drittens das Entstehen des generösen niederländischen Sozialstaates in den sechziger Jahren nur vor dem Hintergrund der „Entsäulung" (als die Niederlande homogener wurde, und sich der Konkurrenzdruck zwischen den Parteien, die nicht mehr selbstverständlich von den Mitgliedern ihrer Säule gewählt wurden) verstehen kann.

Das niederländische Rentensystem wird oft auch als Cappuccino-System bezeichnet, getreu der Devise, dass der Kaffee in Form einer Grundrente jeder erhält, dass man für den Milchschaum in Form von verpflichteten betrieblichen Absicherungen arbeiten muss und, dass jeder selbst für die Schokostreusel in Form von privater Vorsorge sorgt. Die AOW, die erste Säule – die Grundrente wurde 1957 eingeführt, sie deckt inzwischen rund 50 Prozent der Einnahmen des niederländischen Durchschnittsrentners. Die Einnahmen aus der zweiten Säule – der betriebliche Altersversorgung belaufen sich auf ca. 30 Prozent der niederländischen Durchschnittsrente.

Bei den Gemeinsamkeiten und Unterschieden war es mir zunächst vor allem wichtig aufzuzeigen, dass der niederländische Durchschnittsrentner mehr Einkünfte hat als der deutsche Rentner und, dass vor allem die Armutsgefährdungsquote von Älteren in den Niederlanden mit 6 Prozent viel geringer ist als in Deutschland mit gegenwärtig 17 Prozent. Im nächsten Schritt habe ich mittels eines Vergleichs von europäischen Rentensystemen von Diether Döring (Döring 2016) aufgezeigt, dass sich gegenwärtige Gering- und Durchschnittsverdiener in Zukunft nicht mehr auf die statussichernde Funktion der gesetzlichen Rente verlassen können.

Das niederländische Rentensystem ist im doppelten Sinne solidarischer als das deutsche Rentensystem. Denn erstens gibt es in den Niederlanden eine Grundrente, die jeder Einwohner erhält und zweitens führen alle Arbeitnehmer (inklusive Beamte, Selbstständige und Menschen mit geringfügigen Einkommen) an die AOW ab.

Auch wenn Rentensysteme sehr schwerfällige Institutionen sind, glaube ich grundsätzlich daran, dass man das niederländische Rentensystem auf das deutsche übertragen kann. Hauptargumente für eine Angleichung sind meiner Ansicht nach, dass umfassendere Alterssicherung auf freiwilligem Niveau angeregt werden kann und, dass viele nicht für ihren Lebensabend sparen werden, wenn sie wissen, dass dieses Kapital im Alter gegen Sozialhilfe aufgerechnet wird (vgl. Meyer 2013).

7. Literaturverzeichnis

Deutsche Rentenversicherung Bund. (2016). *Ausgewählte Einnahmen- und Ausgabenpositionen der allgemeinen Rentenversicherung für 2015 und 2016*. Fakten und Zahlen. Zugriff am 01.03.2018. Verfügbar unter https://www.deutsche-rentenversicherung.de/Allgemein/de/Navigation/6_Wir_ueber_uns/02_Fakten_und_Zahlen/02_kennzahlen_finanzen_vermoegen/1_kennzahlen_rechengroe%C3%9Fen/einnahmen_ausgaben_allg_rv_node.html

Deutsche Rentenversicherung Bund. (2017). *19_eckzahlen_2017_deutsch. Bereich 0760 – Statistische Analysen*. Verfügbar unter www.deutsche-rentenversicherung-bund.de

Döring, D. (2016). Versorgungslücken in der deutschen Alterssicherung und die Notwendigkeit einer effektiven Ergänzung. In U. Rieken, V. Braunberger & O. Dräger (Hrsg.), *Kostentransparenz im institutionellen Asset Management* (1. Auflage 2017, S. 43–58). Wiesbaden: Springer Gabler.

Handelsblatt. (2018). *Rente: Bundeszuschuss erstmals über 100 Milliarden Euro*. Zugriff am 01.03.2018. Verfügbar unter http://www.handelsblatt.com/politik/deutschland/rente-bundeszuschuss-erstmals-ueber-100-milliarden-euro-/14024558.html

Eurostat. (2011). The greying of the baby boomers A century-long view of ageing in European populations. *Eurostat statistics in focus* (23/2011). Verfügbar unter http://ec.europa.eu/eurostat/documents/3433488/5578868/KS-SF-11-023-EN.PDF/882b8b1e-998b-454e-a574-bb15cc64b653

Eurostat. (2016). *People at risk of poverty or social exclusion - Statistics Explained*. Eurostat: Statistics Explained. Zugriff am 28.02.2018. Verfügbar unter http://ec.europa.eu/eurostat/statistics-explained/index.php/People_at_risk_of_poverty_or_social_exclusion

Gebbink, A. (NiederlandeNet, Hrsg.). (2010, 4. Februar). *NiederlandeNet – Das Wirtschaftssystem - Rentensystem*, Westfälische Wilhelms-Universität Münster. Zugriff am 02.02.2018. Verfügbar unter https://www.uni-muenster.de/NiederlandeNet/nl-wissen/wirtschaft/vertiefung/wirtschaftssystem/rentensystem.html

Meyer, T. (2013). *Beveridge statt Bismarck? Europäische Lehren für die Alterssicherung von Frauen und Männern in Deutschland* (Studie / Friedrich-Ebert-Stiftung). Berlin: Friedrich-Ebert-Stiftung, Internat. Politikanalyse.

MISSOC Vergleichende Tabellen Datenbank. (2017). Zugriff am 19.02.2018.

Niederländischer König verkündet das Ende des Wohlfahrts-Staats. Zugriff am 26.02.2018. Verfügbar unter https://deutsche-wirtschafts-nachrichten.de/2013/09/20/niederlaendischer-koenig-verkuendet-das-ende-des-wohlfahrts-staats/

Rieken, U., Braunberger, V. & Dräger, O. (Hrsg.). (2016). *Kostentransparenz im institutionellen Asset Management* (1. Auflage 2017). Wiesbaden: Springer Gabler.

Rohwer, A. (2008). Bismarck versus Beveridge: Ein Vergleich von Sozialversicherungssystemen in Europa. *ifo Schnelldienst, 61. Jahrgang* (Nr. 21), 26–29. Verfügbar unter http://www.cesifo-group.de/DocDL/ifosd_2008_21_3.pdf

Schmid, J. (2010). *Wohlfahrtsstaaten im Vergleich. Soziale Sicherung in Europa: Organisation, Finanzierung, Leistungen und Probleme* (3., aktualisierte und erweiterte Auflage). Wiesbaden: VS Verlag für Sozialwissenschaften / Springer Fachmedien Wiesbaden GmbH Wiesbaden. https://doi.org/10.1007/978-3-531-92548-6

Schmidt, M. G., Ostheim, T., Siegel, N. A. & Zohlnhöfer, R. (2007). *Der Wohlfahrtsstaat. Eine Einführung in den historischen und internationalen Vergleich*. Wiesbaden: VS Verlag für Sozialwissenschaften. https://doi.org/10.1007/978-3-531-90708-6

Scholte, R. & Lammers, M. (2017). *Inkomenspositie ouderen* (SEO-rapport, nr. 2017-09). Amsterdam: SEO Economisch Onderzoek.

Seils, E. (2006). Niederlande: Musterland der Sozialreform? In T. Meyer & J. Turowski (Hrsg.), *Praxis der Sozialen Demokratie* (S. 242–272). Wiesbaden: VS Verlag für Sozialwissenschaften | GWV Fachverlage GmbH Wiesbaden.

Sociale Verzekeringsbank. (2015). Ontwikkeling AOW-uitgaven van 1957 tot en met 2050. Zugriff am 02.02.2018.

Stöger, H. (2011). *Rentensysteme und Altersarmut im internationalen Vergleich:* Friedrich-Ebert-Stiftung, Internat. Politikanalyse.

Van Oorschot, W. (2008). Von kollektiver Solidarität zur individuellen Verantwortung: Der niederländische Wohlfahrtsstaat. In K. Schubert, S. Hegelich & U. Bazant (Hrsg.), *Europäische Wohlfahrtssysteme* (S. 465–482). Wiesbaden: VS Verlag für Sozialwissenschaften.

Visser, J. & Hemerijck, A. (1998). *Ein holländisches Wunder? Reform des Sozialstaates und Beschäftigungswachstum in den Niederlanden* (Schriften des Max-Planck-Instituts für Gesellschaftsforschung Köln, Bd. 34). Frankfurt am Main: Campus-Verl.

BEI GRIN MACHT SICH IHR WISSEN BEZAHLT

- Wir veröffentlichen Ihre Hausarbeit, Bachelor- und Masterarbeit

- Ihr eigenes eBook und Buch - weltweit in allen wichtigen Shops

- Verdienen Sie an jedem Verkauf

Jetzt bei www.GRIN.com hochladen und kostenlos publizieren